中医药文化与健康

第二册

总主编 许二平

本册主编 许敬生

本册执行主编 尹笑丹 王剑锋

河南大学出版社
HENAN UNIVERSITY PRESS

·郑州·

图书在版编目（CIP）数据

中医药文化与健康. 第二册 / 许二平主编. -- 郑州：河南大学出版社, 2022.8
ISBN 978-7-5649-5303-4

Ⅰ.①中… Ⅱ.①许… Ⅲ.①中国医药学 - 文化 - 普及读物 Ⅳ.①R2-05

中国版本图书馆CIP数据核字（2022）第156445号

策划编辑	程新晓		
责任编辑	马元珍	责任校对	席 兵
责任印制	陈建恩	封面设计	李雪莹

出 版	河南大学出版社		
	地址：郑州市郑东新区商务外环中华大厦2401号	邮编：450046	
	电话：0371-22864493（基础教育与学前教育分公司）	网址：hupress.henu.edu.cn	
排 版	河南君策广告设计有限公司		
印 刷	河南美轩印务有限公司		
版 次	2022年8月第1版	印 次	2022年8月第1次印刷
开 本	787 mm×1092 mm　1/16	印 张	4.5
字 数	54千字	定 价	17.00元

（本书如有印装质量问题，请与当地销售部门联系调换。本书在编写过程中，参考引用了一些资料，取得了原作者的大力支持，在此谨表感谢，但因一些作者的地址不详，我们无法取得联系。敬请各位作者与我们联系，以便做出妥善处理。）

编委会

总 主 编　许二平

主　　审　许敬生　韦大文

执行主编　王　琳　许敬生　徐江雁　贾成祥　李成文
　　　　　苗明三　李东阳

编　　委（按姓氏笔画为序）
　　　　　王　琳　王　辉　王剑锋　韦大文　方晓艳
　　　　　尹笑丹　朱红庆　刘文礼　许二平　许敬生
　　　　　李东阳　李成文　李青雅　张　楠　张晓艳
　　　　　张婷婷　苗明三　范　敬　赵迪克　赵培源
　　　　　胡研萍　贾成祥　徐江雁　常征辉　彭　新

第一单元　认识中医名家 ········ 01

第一课　　张仲景 ························· 02

第二课　　孙思邈 ························· 06

第三课　　李时珍 ························· 10

第四课　　张从正 ························· 14

第二单元　生活中的中医药 ········ 19

第一课　　山药 ····························· 20

第二课　　莲子 ····························· 23

第三课　　当归生姜羊肉汤 ········· 26

第四课　　艾草简说 ····················· 30

第三单元　读故事 学中医药 ……… 35

第一课　　岐黄之术 ……… 36

第二课　　雷公炮制 ……… 40

第三课　　伏羲九针 ……… 44

第四课　　神农尝百草 ……… 48

第四单元　诗词中的中医药 ……… 53

《咏甘菊》 ……… 54

《惠州一绝》 ……… 57

《逢贾岛》 ……… 60

《阅古堂八咏　药圃》 ……… 63

第一单元
认识中医名家

第一课 张仲景

张仲景被中医学尊为"医圣",受到历代中医学者的敬仰,他一生勤奋好学,博采众长,不断学习,穷一生之力写出了中医学巨著《伤寒杂病论》,这本书确立了中医学的诊疗规范,至今仍是中医药学者不断学习揣摩的经典。让我们共同了解一下张仲景的故事。

张仲景

张仲景,名机。汉代南阳郡(今河南省南阳市)人。约生于东汉桓帝元嘉、永兴年间(约公元150~154年),去世于汉献帝建安时期(约公元215~219年),享年七十岁左右。相传他被汉朝政府征召做过长沙太守,所以又被后世尊称为"张长沙"。

张仲景从小喜欢读书,"博通群书,潜乐道术"。

除了学习儒家经典以外，还广泛阅读医学书籍。受到同乡和当时社会名人何颙（yóng）的赏识与赞扬。张仲景年轻时曾跟同郡张伯祖学医，经过多年的刻苦钻研和临床实践，医名大振，成为中国医学史上一位杰出的医学家。张仲景刻苦学习《黄帝内经》，广泛收集医方，写出了传世巨著《伤寒杂病论》。它确立的辨证论治的原则，是中医临床的基本原则，是中医的灵魂所在。在方剂学方面，《伤寒杂病论》也做出了巨大贡献，创造了很多剂型，记载了大量有效的方剂。其所确立的六经辨证的治疗原则，受到历代医学家的推崇。这是中国第一部从理论到实践、确立辨证论治理论体系的医学专著，是中国医学史上影响最大的著作之一，是后学者研习中医必备的经典著作，广泛受到医学学生和临床大夫的重视。

张仲景去世后，后人为了纪念他，在他的故乡河南省南阳建立了一座祠堂进行供奉，这就是南阳"医圣祠"的由来。至今，南阳地区还广泛流传着张仲景妙手诊病的民间故事。

医圣祠

生活中的中医小妙招

按摩迎香通鼻窍

人体有很多奇妙的"点",这些"点"有着奇妙的作用,当你不舒服的时候轻轻地按压或者按揉,会缓解你的不舒服。这些"点"就是中医学中所称的"穴位"。今天给大家介绍一个缓解鼻塞的小方法——按揉迎香穴。迎香穴在鼻翼外缘中点旁,按摩迎香穴有疏散风热、通利鼻窍的作用,当你感觉鼻塞的时候,将食指指尖放在迎香穴上,顺时针按揉,可以有效缓解鼻塞的症状。

迎香穴

 **思考能力我最强**

我们每个人都面临着疾病的困扰,简单说,有时候我们会感到头痛等情况,这就是身体向你发出了信号,告诉你"他"有了不舒服的地方。

亲爱的同学们,你能描述一下自己感冒时的感觉吗?

 **动手能力我最棒**

在老师或家长的指导下找一找迎香穴的位置。

第二课 孙思邈

孙思邈是古今医德医术堪称一流的名家。他特别强调医德的重要性，其事迹成为后世中医界的美谈。在他的著作《千金方》中，把医德规范总结为"大医精诚"，并放在了极其重要的位置上来专门立题，重点讨论。而他本人，也是以德养性、以德养身、德艺双馨的代表人物之一，倍受历代医家和百姓尊崇。

孙思邈是唐代著名道士、医药学家，被后人称为"药王"，出生于京兆华原（今陕西省铜川市耀州区）人。

他自幼聪颖，精勤不倦，学识渊博。他精通古代经典，对佛教、道教、儒学都有着精深的研究。孙思邈不慕名利，以医生为终身职业，长期生活在民间，行医施药，治病救人。他诊病治

孙思邈

疗不拘古法，兼采众家之长，用药多根据临床需要，灵活多变，疗效显著。他对民间医疗经验极为重视，经常不辞辛劳地跋山涉水，不远千里访询，为得一方一法，不惜千金，以求真传。辗转于五台山、太白山、终南山、峨眉山等地，采集药材，炮制药物。他对民间常见病、多发病、地方病多有研究，救治过许多疑难危重病人。他不仅精于内科，而且擅长外科、妇科、小儿科、五官科、眼科，并对摄生、食疗、针灸、预防、炼丹等都有研究，同时具有广博的药物学知识和精湛的针灸技术。

孙思邈一生以济世救人为己任，对病人具有高度的责任心和同情心，他提出"大医精诚"，要求医生对技术要精，对病人要诚。他认为凡太医治病，必当安神定志，精力集中，认真负责，若有疾厄来求救者，不得问其贵贱贫富，长幼妍媸、怨亲善友、华夷愚智，都应一样看待；治疗中要不避危险，不分昼夜、寒暑，不顾饥渴、疲劳，全力以赴救治病人，不得自炫其能，贪图名利。这也正是他身体力行、躬身实践的写照。他曾亲自治疗护理麻风病人达六百余人，其高尚医德足为百世师范。孙思邈因其在医学上的杰出成就和崇高的医德医风，深受我国人民的爱戴，其影响历代相传、经久不衰。千百年来，用来纪念他的庙宇遍布全国各地，尤其是在他的家乡陕西省铜川市耀州区。

生活中的中医小妙招

按摩腹部健肠胃

肚脐在中医里也是一个穴位,我们称它为"神阙穴",是全身361个穴位中唯一看得见、摸得着的穴位。神阙穴,又名脐中,具有调理肠胃的功效。因此,以肚脐为中心,按摩腹部,可以起到调理肠胃的作用。具体方法为:仰卧,双手置于脐部,以适中力度,按照顺时针方向推揉腹部五十下,再逆时针推揉腹部五十下。

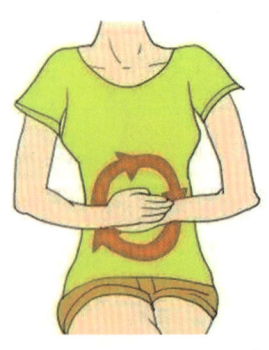

腹部顺时针按摩

 **思考能力我最强**

请简单介绍一位道德高尚的当代医生。

_____

_____

_____

_____

 **动手能力我最棒**

试一试按摩腹部。

根据小妙招的提示，试一试按摩腹部的方法并感受效果。

第三课 李时珍

　　《本草纲目》是中医学的一部巨著，它的作者李时珍也被后世尊称为"药圣"。李时珍在数十年行医以及阅读古典医籍的过程中，发现古代本草书中存在着不少错误，决心重新编纂一部本草书籍。历经27个寒暑，他到多地收集药物标本和处方，并拜渔人、樵夫、农民、车夫、药工、捕蛇者为师，参考历代医药书籍，终于编成了《本草纲目》。

李时珍

李时珍（约公元1518~1593年），字东璧，自号濒湖山人，是我国明朝卓越的医药学家。

李时珍从小体弱多病，靠父亲的细心治疗才逐渐恢复了健康，因此他切身体会到拥有健康是件多么重要的事情。他自幼就经常跟着父亲上山采药，帮着加工药材。他热爱自然，热爱医药，喜欢阅读《尔雅》《菊谱》以及有附图的本草书。

李时珍长大后成了一名医生。在医疗实践中，他对历代医药书籍，如《神农本草经》《本草经集注》《唐本草》《开宝本草》等进行了广泛的阅读研究。他发现旧"本草"非但不完善，甚至有很多错误，便立志要把旧的药书加以整理补充，写出一部分类更加详细的药物学著作。为此，李时珍阅读了大量的历史药书，后又进入太医院任职。为了彻底弄清药物的功效，李时珍辞官后深入民间，采制标本，考察实物，常常以身试药，有几次差点中毒身亡。

经过大半生的辛勤耕耘，1578年，在李时珍61岁时，《本草纲目》经过三次大的修改，终于编写成功了。《本草纲目》这部书规模宏大，内容丰富，涉及范围广博，是古代任何一部"本草"书都望尘莫及的。《本草纲目》刊行后，立即风靡全国，人们争相传阅。

生活中的中医小妙招

药食的荆芥

同学们，你平时吃过荆芥吗？荆芥不仅是一种蔬菜，更是一味常用的中药。荆芥的茎叶富含多种挥发油及其他有益物质，能够祛痰、利咽，治疗流行感冒、头痛发热等，也是夏季祛暑佐餐的良品。

荆芥

 **思考能力我最强**

你还知道哪些人物勤奋学医的故事吗？

_____
_____
_____
_____

 **动手能力我最棒**

你知道哪里能够种植荆芥吗？荆芥如何辨识呢？与老师或父母讨论一下吧。

第四课 张从正

张从正是金代的大医学家,以儒家的仁爱作为自己医德的思想基础。张从正在前人理论与临床的启示下,通过不断的医学实践,积累了丰富的经验,并形成了独特的治病风格,成为一代名医。他在我国医学发展史上占有重要地位,为医学的发展做出了贡献。至今仍值得我们认真学习与深入研究。

张从正

张从正(约公元1156~1228年),字子和,号戴人,睢州考城(今河南兰考县)人。

张从正19岁开始学医,20岁左右便为人治病,60岁以后撰写了《儒门事亲》等巨著,为后世留下了珍贵的医学遗产。他勤学博采，视患者如亲人，反对轻视医学和阿谀奉承，反对迷信古人，迷信鬼神和天命，是一个富有创新精神的河间学派的实践家。

　　张从正的医德指导思想是儒家思想，即仁的思想。爱众而亲仁，把仁道引进医道，这是张从正对儒医的新解。他批评汉时轻视医学，以医为奴的倾向，提出应该以医为师提高医学的地位，反对医生对达官贵人阿谀奉承，但也不怕别人讽刺打击。张从正认为，古人以医为师，故医之道行；今之人以医为奴，故医之道废。他鄙视医生中那种阿谀奉承的作风，说："常见官医迎送长吏，马前唱喏，真可羞也。"他虽然也被金朝召入太医院供职，但看不惯当时这种可耻之风。在封建社会的等级制度下，医生与达官贵人、巨贾富商的关系是不平等的，这些特殊患者利用他们的社会地位，开贵药补药。当时好多医生往往不分疾病虚实，喜欢投患者所好，习惯用补养之法。夫补者人之所喜，攻者人之所恶，医生觉得用补养无罪，实则是非不分。他感叹医界通今博古者少，呼吁医生们努力钻研医学，他说："有志之士，耻而不学。"这就要求医者对待患者要有仁爱之心，但不讨好患者，顺应潮流但不随大流。

生活中的中医小妙招

臂宜常抻

当你学习累了，会做什么样的动作去缓解疲劳呢？如果你想不出什么好办法，那请做以下动作：把手臂伸直，做上举、扩胸等运动。这样可以活动肩关节和肘关节，对于缓解学习疲劳有很大的帮助。

上举运动

手臂伸展运动

扩胸运动

 **思考能力我最强**

如何灵活地运用学习过的知识?

_____

_____

_____

_____

 **动手能力我最棒**

请分别列出3~5位中国古代著名医学家。

查一查资料或者问一问父母,列出几位中医学中的著名医学家。

_____

_____

_____

第二单元
生活中的中医药

第一课 山药

拔丝山药、山药泥、素炒山药等，都是我们生活中常见的菜品。山药，学名为"薯蓣（yù）"，是日常生活中常见的蔬菜，更是一味常见的中药。河南焦作的"怀山药"也是中药中最重要的补益材料之一。而山药的来历也更为神奇。

传说在东晋永和初年，有一个采药人来到衡山，迷路粮尽，坐在悬崖下休息。忽然看到有一老翁，神采奕奕，正对着石壁看书。采药人以饥饿告之，老翁给他食物吃（食物即为薯蓣），并指点他出山之路。采药人走了六天才回到家，而仍不知饥，由此方知薯蓣功效神奇。薯蓣就是今天我们常见的山药，据宋代寇宗奭（shì）《本草衍义》上记载，山药原名薯蓣，到了唐代，因为唐代宗名豫而改叫薯药，再到宋朝，又因宋英宗名曙只好再易其名，才有了现在的山药之名。河南焦

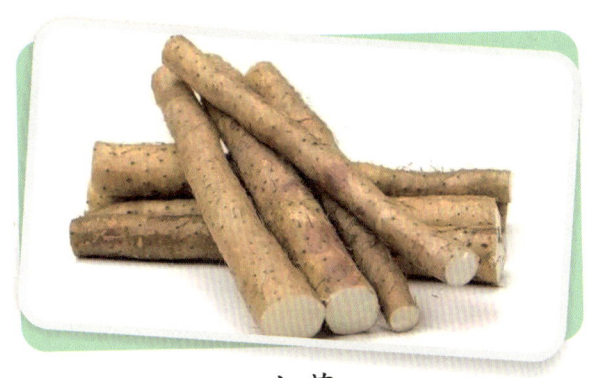

山药

作是"山药"的主要产地，因为焦作古代被称为"怀庆府"，所以焦作所出产的山药也叫作"怀山药"。怀山药是自明代以来中医药学界公认最地道的药材之一，被誉为"怀参"。山药含淀粉、黏液质、糖蛋白、胆碱、多酚氧化酶、维生素C、甘露聚糖、植酸、山药碱、皂苷、游离氨基酸、淀粉酶等，具有健脾益胃、助消化的作用。

生活中的中医小妙招

闭目养神

当你在学习的过程中出现眼睛酸涩、头脑昏沉的感觉，你会怎么做呢？这时候，一定要停下来，试一试闭上眼睛，放松自己，休息一下。数分钟以后，你会感觉情绪愉悦，头脑清晰，浑身轻松。

 **思考能力我最强**

山药能用于制做哪些菜呢？

_____
_____
_____
_____

 **动手能力我最棒**

在家长陪同下用山药做一道菜肴。

第二课 莲子

一个小姑娘,坐在水中央,身穿粉红袄,坐在绿船上。

——答一作物果实

答案正是莲子。

莲是我国常见的传统观赏植物,广泛分布于公园、池沼,"接天莲叶无穷碧,映日荷花别样红"描绘的就是碧绿的莲叶与粉红的莲花相映成趣的美景。莲,又称"荷",因此,莲叶、莲花就是我们俗称的"荷叶""荷花"。荷叶就是莲的地上茎叶,而它的地下根茎,就是我们夏季的美食——藕。莲的花就是我们观赏的荷花。

荷花

莲不仅有叶有花,还有一种奇特的果实——莲子。当荷花凋谢后,花梗上便结出一个个倒圆锥形的莲蓬(花托),莲蓬内有许多蜂窝样的小孔,莲子就长在小孔中。新鲜的莲子呈椭圆形,洁白圆润,味道甘甜,香醇爽口,营养丰富,其中糖类的含量高达60%,蛋白质的含量为16%,此外它的维生素和无机盐含量也较高,对人体有着巨大的帮助。莲子是我国传统的食物之一,比如我们常常吃到的八宝饭、莲子粥,就是使用莲子进行制作的。

生活中的中医小妙招

莲藕粥

莲藕粥是用莲藕制作的一道家常菜。莲藕散发出一种独特清香,可以使食欲缺乏者恢复健康。具体做法为:取鲜藕100克,大米50克,白糖少许,将新鲜莲藕切碎与大米同时熬煮,待熟时调入白糖服食。莲藕粥具有健脾养胃的功效,尤其适合老年人食用。

莲藕粥

 **思考能力我最强**

你知道莲子和哪种植物有关吗？

....
....
....
....

 **动手能力我最棒**

如果条件允许，自己剥一剥莲子。

第三课 当归生姜羊肉汤

同学们，我们日常所喝的羊肉汤里除了羊肉还有什么呢？你们知道吗，羊肉与当归、生姜一同做汤，就是中医名方"当归生姜羊肉汤"，既可当作日常饮食，又可以治疗疾病。

菜、汤、粥是中华饮食的经典组成。汤，是水和食材的完美融合，也是万千食材的精华所在，每一道汤的背后无不饱含着家的温暖。汤，口感稠厚、香浓细腻，易于消化吸收。按照味道分类汤分为咸、甜两种；而从用料上分，则可大致分为素汤、肉汤两类。中医学中，也有一种集食材与药材于一体的靓汤——当归生姜羊肉汤。

"当归生姜羊肉汤"由医圣张仲景创制并记载于医

学经典《金匮要略》中，是中医学中的经典名方。这道"汤"组成简单，仅羊肉、生姜、当归三味，但功效独特，具有药食两用的特点。中医学认为羊肉性味甘、温，有益气补虚的功效。现代科学研究表明，羊肉富含蛋白质、碳水化合物、维生素B等，羊肉所含的热量也大大超过其他肉类。因此，长期食用羊肉可以补充热量，而且丰富的蛋白质还能有效地消除疲劳，提高人体的免疫功能。当归含有挥发油、有机酸、氨基酸、维生素、微量元素等多种物质，能显著增强人体免疫功能。生姜既是烹调不可缺少的调料，也是作用广泛的中药，可以温中散寒、发汗解表。现代研究证明，生姜中所蕴含的挥发油能促进消化，改善食欲，增强消化功能，还能促进血液循环，使全身产生温热的感觉。

不仅仅是"当归生姜羊肉汤"，中医学的众多方剂中，还有许多其他药食两用，也就是从食物演化出来的方剂，可以说"药食两用""药食同源"是中医的特色之一。

当归　　　　　生姜　　　　当归生姜羊肉汤

 生活中的中医小妙招

朗诵调呼吸

你知道人体的呼吸是可以调节的吗？调节呼吸的方法有很多种，很容易做到的便是朗诵。大声朗诵可以提升身体的肺气，促进肺的宣发肃降，促进血液循环，进一步达到调节呼吸的作用。

 思考能力我最强

请列举几种有治病作用的食品的名称。

....

....

 **动手能力我最棒**

试一试腹式呼吸（深呼吸）。

第四课 艾草简说

说到端午节，大家首先想到的是粽子。然而有一种植物，在端午节到来时，也到了药性最强的时候，这便是艾草。千百年来，艾草从不曾辜负人们的期许。端午节当日，华夏大地上，勤劳的人们在鸡未叫时便已出发，到田间地头，摘下那一叶最具能量的艾叶。

艾草是每逢端午节时都会见到的植物，在中国人的心中有着辟邪驱灾的吉祥意义。实际上，艾草还是中医学中一味重要的药物，不仅如此，西方也曾有过运用艾草治疗疾病的历史。艾草植株含有多种挥发油，香气浓郁，有很强的抗菌作用。农历正月刚刚发出的艾草嫩芽，可以直接食用，滋味香而脆美，也可与糯米一起做成可口的小吃。

艾草广泛分布于亚洲及欧洲地区，在我国大部分地区都有生长，只是名称不同而已。河南称"北艾"，浙江沿海称"海艾"，在诗经时代，艾草就已经是很重要的药用植物。一般用于针灸术的"灸"，是颇受国人欢迎的疗法。所谓"灸"就是拿艾草点燃之后去熏、烫穴道，以起到治疗疾病的作用。

艾草

现在广泛使用的艾草大多是湖北蕲（qí）州所产的"蕲（qí）艾"。但在古代，却以河南汤阴扁鹊庙艾园所产艾草最为著名。根据记载汤阴历史的《汤阴县志》记载，汤阴扁鹊庙旁原来有百亩艾田，称为"艾园"。艾园所种植的艾草在明代被列为朝廷贡品之一，扁鹊庙内现在还存有一块明代的碑刻，记载着河南艾草辉煌的历史。

 生活中的中医小妙招

艾草泡脚

在寒冷的冬季,用艾草煮水泡脚,有缓解疲劳的作用。利用艾草泡脚并不是像我们想象的那样,只要把水烧开之后,艾草放到水中就可以了,艾草泡脚是需要先把艾草用开水煮10分钟左右,然后自然晾凉到40度左右的时候,才可以用于泡脚,否则是无法发挥艾草的主要作用的。

艾草泡脚

 **思考能力我最强**

简述一下你所见到的艾灸治病的情景。

_____
_____
_____
_____

 **动手能力我最棒**

试一试艾草泡脚的作用。

中医药文化与健康

第二单元 生活中的中医药

第三单元
读故事学中医药

第一课 岐黄之术

为了表达对某种行业或者某种事物的敬意和赞美，我们往往用一些特定词语或成语来形容和代表，因此出现了许多事物或行业的雅称。千百年来，悠久的中医学深受国人的喜爱，所以中医学也有一种优美的称呼——岐黄之术，让我们共同了解一下它的含义吧。

"岐黄"是岐伯与黄帝的合称。黄帝原是我国原始社会末期的一个氏族的首领，因为他对中华民族的发展有着重要影响，所以被后世尊称为"中华始祖"。为了追本溯源，人们也常把文物制度推源于黄帝。《黄帝内经》是我国现存最早的一部医书，成书于战国、秦汉时期，由众多医家搜集、整理、综合而成。这本书以黄帝、岐伯一问一答的形式阐述医学知识和理论，是中医学的经典理论著作，被历代医家奉为医宗必读之作，其影响历久弥深。出于对黄帝的尊崇，古代把"岐黄之术"作为中国传统医学的代名词。

岐伯（左）与黄帝（右）

河南新密是岐黄文化的发祥圣地之一。截至目前，新密境内发现与众多岐黄文化有关的、山川、庙宇、遗迹，如岐伯山、岐伯墓、岐伯泉、岐伯洞、药王庙、黄帝城、黄帝宫、轩辕宫等。新密岐黄文化遗址众多，似乎也可作为黄帝、岐伯在河南境内活动的证据。

 生活中的中医小妙招

按压睛明穴

眼睛是心灵的窗户，也承担着看书学习的重要责任。但是，你是不是觉得有时候眼睛会干涩，甚至有些胀胀的感觉。这是眼睛疲劳的表现，这个时候，需要先停下来，让眼睛休息一下，并通过按压睛明穴这个穴位帮助眼睛的恢复。按摩此穴能缓解眼内肌肉紧张，有缓解眼疲劳的作用。

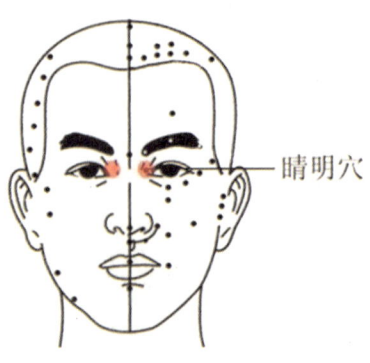

睛明穴

 思考能力我最强

你知道河南还有哪些名人故里吗?

河南,是中华文明的主要发源地,文化积淀深厚,文物遗迹众多,历代名人辈出,这些历史上的名人为中国文化的发展做出了卓越的贡献,值得敬仰和学习。同学们,你们知道你的家乡还有哪些古代名人吗?

 动手能力我最棒

学习累了吗?按压一下睛明穴吧。

当你感觉眼睛干涩,发困的时候,请用拇指轻轻按揉目内眦角稍上方凹陷处,约两分钟,这个地方叫作睛明穴,是中医学中一个常用的穴位,按压睛明穴对缓解眼睛的疲劳非常有效。

第二课 雷公炮制

在中医学技术的发展与传承中，部分中医学者起到了承上启下、继往开来的重要作用，他们有的制定了至今仍被中医学遵循的治疗法则，如张仲景，有的则创新或改进了部分技术。中药，作为中医学的重要组成部分，其炮制方法的改进与一名中药医学家有关，并有了一个新的成语——雷公炮制。

炮制在历史上又称"炮炙""修治"，是指根据中医中药理论，按照临床用药和制剂、调配的不同要求，以及药物自身的性质，对原药材进行修治整理或特殊处理的一项制药技术。由于中药材大多是生药，其中大多药材必须经过特殊的炮制处理。这是确保用药安全的重要措施。长期以来，我国医药学家在炮制方面积累了不少宝贵经验。中药的炮制，早在《黄帝内经》已有记述。第一部制药专书，则是南朝刘宋时（公元5世纪）以雷敩为主进行的专门制药经验总结——《雷公炮炙论》。在《雷公炮炙论》以后，药物炮制技术不断发展，成为中药学发展中的重要组成部分。

雷敩

《雷公炮炙论》

生活中的中医小妙招

太阳穴止头痛

长时间看书学习，我们不但会出现眼睛酸困的情况，还会感觉整个头部都昏昏沉沉的，有些不舒服。这个时候，另外一个穴位的作用就体现了出来。太阳穴位于外眼角后方，轻度按压有缓解头疼的作用。

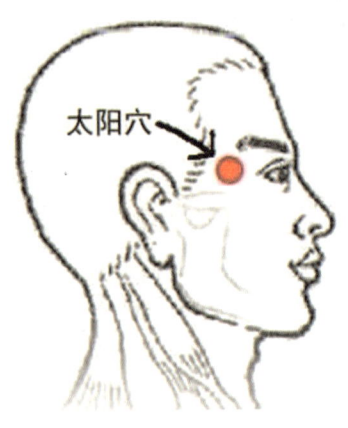

太阳穴

思考能力我最强

说一说你见过的中药。

中药大部分是由天然植物加工而成的，不论是植物的花、叶，还是果实，都有着不同的作用，甚至常见的观赏植物就是功效齐备的中草药。你还知道哪些能够入药的植物呢？

动手能力我最棒

找一找太阳穴的位置。写出按摩太阳穴后的感受。

第三课 伏羲九针

中医学的发展，衍生出许多简便而有效的治疗方法，比如针灸。小小的一根银针就能祛除病痛，缓解痛苦，你知道针灸的来历吗？

针灸是我国发明的一种古老的医术。传说针刺所用的针是伏羲发明的，在历代古籍中都有充分的记载。伏羲所代表的时代大约在中石器时代与新石器时代之初。有关研究发现，当时人类已能制造用于医疗的工具——砭石。所谓砭石是指一种锋利尖锐的石片，可用于切割脓包或浅刺身体的某些部位，从而达到治病的目的。可

砭石

见，砭石是我国已知的最早的原始医疗工具。

最早的砭石一物多用，可用于熨帖、按摩、切割、放血、浅刺等。后世针刺针灸是在砭石浅刺功能基础上发展而来的。在金属针出现之前，还出现过骨针、陶针、竹针、木针等。随着我国冶炼技术的提高，出现了金属针。所谓"九针"，指的是九种大小、形状不同的金属针刺工具，据《黄帝内经》记载，九针包括镵（chán）针、员针、鍉（tī）针、锋针、铍（pí）针、员利针、毫针、长针、大针。九针的作用不同，有的是用于针刺的工具，有的用于外科切割脓肿，有的则用来按摩。"九针"的形态历代略有变化，但总体上并没有大的改变。而就其制针的材质来说，现代多用不锈钢制品代替，既锋利、柔韧又价廉物美。

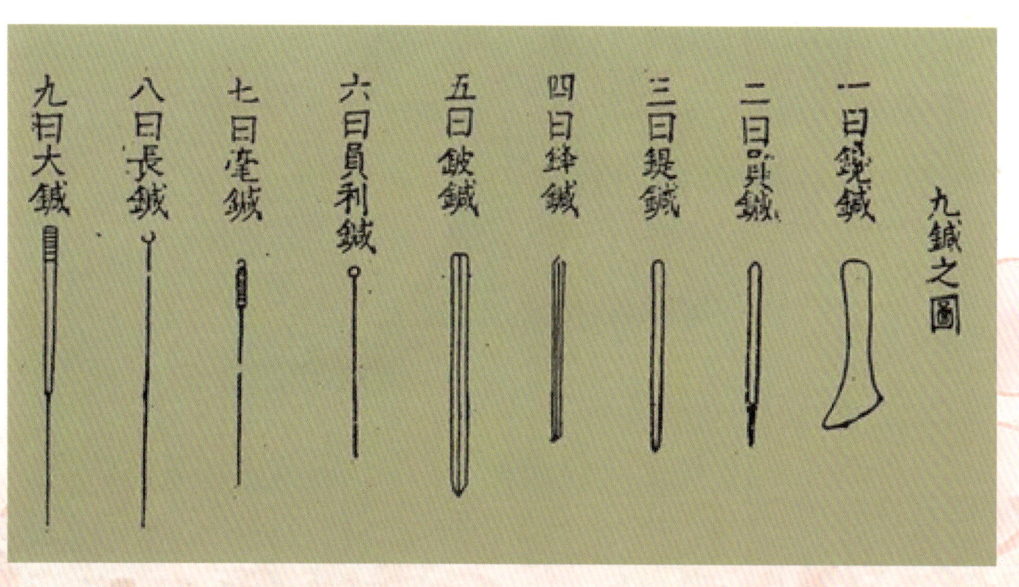

九针

 **生活中的中医小妙招**

西瓜清热解暑

碧绿脆甜的西瓜是夏季祛暑解热的佳品，你知道吗，中医学认为甘寒生津，具有清热祛暑的作用，而夏季出汗较多，多食西瓜也可以补充电解质流失。

西瓜

思考能力我最强

悠久的中医学经过历朝历代的不断发展，除了针灸、汤剂，还有多种不同的治疗方法，这些方法适于不同的疾病表现，都达到了治疗疾病或者缓解病痛的效果。除了针灸和汤剂，你还知道哪些其他的治疗方式呢？

动手能力我最棒

绿豆汤是一道以绿豆为主要食材熬制而成的汤，具有止渴消暑的功效，是我国民间传统的解暑佳品。制作方法：将绿豆洗净，用沸水浸泡20分钟左右，捞出后放到锅里，再加入足量的凉水，旺火煮40分钟左右。跟父母一起，煮一碗解暑绿豆汤吧！

绿豆汤

第四课 神农尝百草

事物的发展往往有着漫长的过程，中医学理论，尤其是中药理论的发展也有着他自身的发展历程，在这个发展历程中，有一个美丽的传说，一直流传到今天。

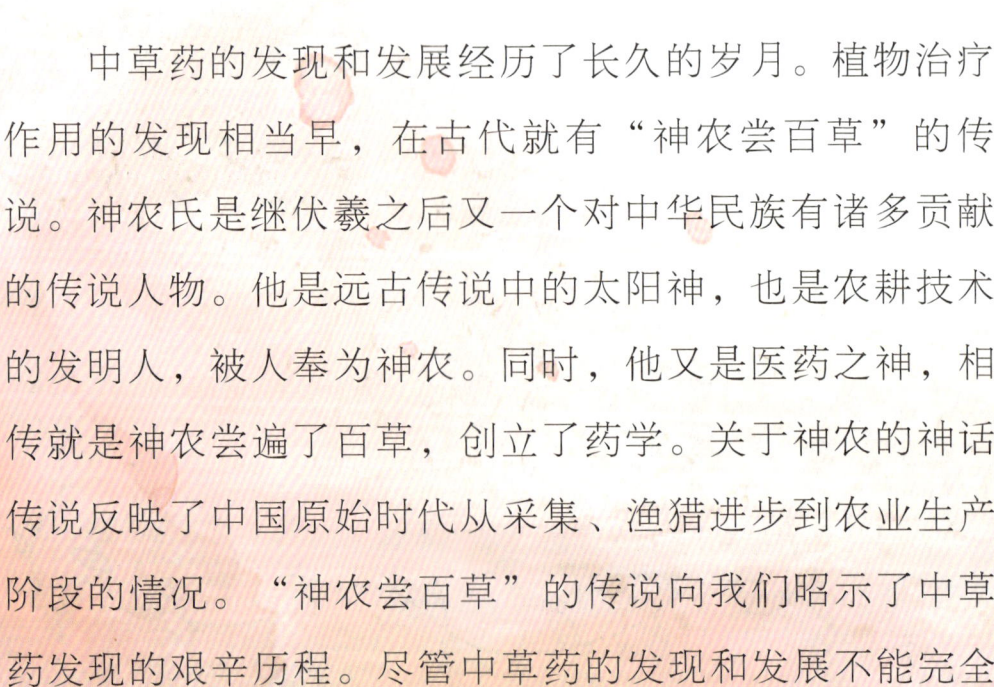

中草药的发现和发展经历了长久的岁月。植物治疗作用的发现相当早，在古代就有"神农尝百草"的传说。神农氏是继伏羲之后又一个对中华民族有诸多贡献的传说人物。他是远古传说中的太阳神，也是农耕技术的发明人，被人奉为神农。同时，他又是医药之神，相传就是神农尝遍了百草，创立了药学。关于神农的神话传说反映了中国原始时代从采集、渔猎进步到农业生产阶段的情况。"神农尝百草"的传说向我们昭示了中草药发现的艰辛历程。尽管中草药的发现和发展不能完全

神农像

归功于具体的某个人，但那却是劳动人民实践的真实写照。中草药的发现过程其实是建立在人类长期的实践基础上的。我国是世界上植物药应用最广泛、药源最丰富的国家。经过无数次零星的、分散的，但却是有意识的试验观察，口尝身受，人们逐步积累起一些用药上的丰富经验，创造性地赋予了天然物以物性（阴阳、寒凉、温热）、五味（酸、苦、甘、辛、咸），并创立了中药学，形成了早期的药物疗法。尽管中药有植物药、动物药、矿物药等不同的种类，然而其中以植物药最多。所以，自古相沿袭，就把中药称为"本草"，又称为"百草"。

生活中的中医小妙招

食梨治秋燥

秋天气候干燥，常会出现咽喉干涩、口唇干燥的情况，适度吃梨可以有效缓解。

梨

思考能力我最强

民间故事中寄托着人们美好的愿望和寄托，部分古代中医药学者由于其巨大的贡献，被人们所铭记，他们的事迹往往也被编成故事不断流传，你还知道哪些中医学者的故事呢？

 **动手能力我最棒**

查一查还有什么与中医有关的成语。

成语蕴含着深刻的文化知识,解读成语的过程就是追寻文化的过程,你还知道哪些有关中医药的成语故事呢?

第四单元
诗词中的中医药

《咏甘菊》

诗词是中国特有的文学表达形式，优美的韵律，富有特殊的东方美感。历代诗词名篇中有着众多的吟咏植物的佳作。在这些作品中，很多也有着深刻的含义和历史文化知识。

咏甘菊

[清] 郑板桥

南阳甘菊家家有，万古延年一种花。

八十老人勤采啜，定教霜鬓变成鸦。

人们总是把闲适的心情寄托于山水花木之间，而梅兰竹菊又往往成为吟咏的对象。相对于梅兰竹，菊花似乎更能走入寻常百姓之家。菊花能够入药，民俗之中更是有了重阳佳节饮酒赏菊的习俗。河南与菊花有着不解之缘，除了今日扬名四海的"怀菊"，更有一种"郦菊"。郦菊，因产于河南郦县而得名，即在今河南省南阳市西峡县菊花山。郦菊在后汉时期已经名播全国，并与菊潭一起成为"内乡八景"之一的"菊潭秋月"。可惜的是，明清以后，菊花山已是山菊敛迹，碧潭淤塞，无复当年盛景与名声。时至今日，郦菊与菊潭更是敛迹潜行，少人问津了。郑板桥这首诗正是颂扬了郦菊益寿延年的疗效。

 生活中的中医小妙招

菊花茶是一种以菊花为原料制成的花草茶。据古籍记载，菊花味甘苦，性耐寒，有散风清热、清肝明目和解毒消炎等作用。菊花茶起源于唐朝，至清朝广泛应用于民众生活中。菊花茶的饮用方法很多，可根据不同需求选择。具体方法是取菊花适量，开水冲泡2~3分钟，稍凉饮用。

菊花茶

 思考能力我最强

你知道多少种菊花?在父母的指导下,查一查还有哪些颜色不同,却都属于菊科的植物。

思考能力我最棒

五颜六色的花卉装点了秋天,也装点了我们的生活,试着拿起你的画笔,去描绘一下美丽的花卉。

《惠州一绝》

不同的地域出产不同的水果,而品种繁多的水果又满足了不同人的口味。对水果的偏好也会写进诗人的诗篇,既表达了诗人对水果的钟情,也表达出诗人对生活的热爱。

惠州一绝

[宋]苏轼

罗浮山下四时春,卢橘杨梅次第新。

日啖荔枝三百颗,不辞长作岭南人。

荔枝

这是一首咏物诗。苏轼巧用戏语，夸张风趣，传神地表现了他对荔枝的由衷赞美和处处生春的生活情趣。荔枝为无患子亚科植物荔枝的果实，又名丽枝、丹荔，原产于我国，主产于广东、广西、福建、云南、四川等地。广东东莞的荔枝个大肉厚，汁多鲜甜，深受人们的好评。荔枝富含葡萄糖、果糖、维生素C、钾。荔枝具有健脾和胃、补充营养、减轻疲劳的作用。药膳料理中，荔枝具有促进五脏功能的作用。夏天吃可以润喉止咳，舒畅身体。荔枝富含水分，具有滋润作用，可缓解咽干、口渴等问题，生长于南方的荔枝水分特别多，可清除体内的热气，这就是夏天吃水果感到清凉舒畅的原因。

 **生活中的中医小妙招**

橘子含橘皮苷、柠檬酸、苹果酸等营养物质。橘子性平，味甘酸，有生津止咳、润肺化痰的作用。

橘子

 **思考能力我最强**

你最喜欢什么水果？你知道它们的营养价值吗？

不同的季节，出产不同的水果。梨、桃子、西瓜，你喜欢哪一种呢？你的父母喜欢哪一种呢？你知道这些水果的营养价值吗？

 **思考能力我最棒**

你会用水果制作沙拉吗？

沙拉是西式餐点中的一类调味小点，制作原料广泛，更多的是以新鲜水果为主。将水果切成小块，调入沙拉酱搅拌均匀即可。沙拉大都具有色泽鲜艳、外形美观、鲜嫩爽口、解腻开胃的特点。

水果沙拉

《逢贾岛》

诗歌是诗人一时心情感悟的记录，更多的时候诗歌也是记录事件的一种方式。疾病的痊愈是一件令人欢欣鼓舞的好事，诗人也往往用诗歌的形式进行表达。

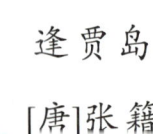

逢贾岛

[唐]张籍

僧房逢着款冬花，出寺行吟日已斜。

十二街中春雪遍，马蹄今去入谁家。

这是一首赠答诗。据说作者张籍早年家境贫寒，体弱多病。有一次他不幸外感风寒，连续数日咳嗽不止，因无钱医病，病情日渐加重。此时他心急如焚，一筹莫展。忽然他想起有位僧人曾对他说起一种叫款冬花的中药，治疗咳嗽特别有效。于是他就嘱家人采来款冬花，煎服数次后，病情果然好转，咳嗽也止住了。于是高兴地写下了这首诗。

款冬花，菊科多年生草本植物，辛温而润，微苦而降，温润不燥，专入肺经，为润肺化痰止嗽之良药。

款冬花

生活中的中医小妙招

八段锦为中医学导引术的一种，起源于北宋，此功法分为八段，每段一个动作，故名为"八段锦"，练习无需器械，不受场地局限，简单易学。

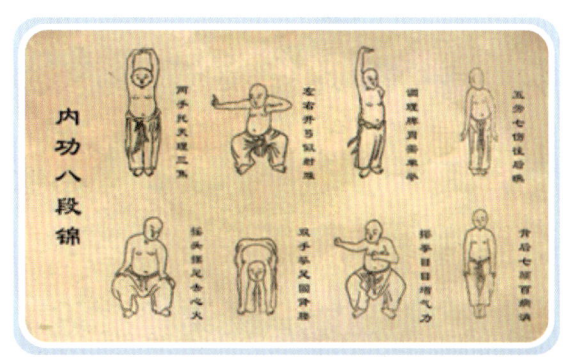

内功八段锦

 **思考能力我最强**

再举一些含有药食两用植物的古诗词。

中药材里有很多药物来源于常吃的水果,比如止咳化痰的陈皮就是水果橘子的皮经过加工以后制成的。

你还知道哪些既是水果,又能入药的水果呢?你能查出描写这些水果的诗歌吗?

 **思考能力我最棒**

和父母一起练习一下八段锦第一段。

方法:第一步,两脚平行开立,与肩同宽,两臂徐徐分别自左右身侧向上高举过头,十指交叉,翻转掌心极力向上托,使两臂充分伸展,同时缓缓抬头上观,此时应缓缓吸气;第二步,翻转掌心朝下,在身前正落至胸高时,随落随翻转掌心再朝上,微低头,眼随手运,同进配以缓缓呼气。

《阅古堂八咏 药圃》

个人修养的不同，表现为看待事物的不同，古代的诗人往往借医药表达自己心怀天下的思想，借助医药能够治病的比喻，展现自己的抱负。

阅古堂八咏 药圃

[宋]韩琦

堂下开畦植药苗，更将灵种悉名标。

吾心尽欲医民病，长得忧民病不销。

韩琦是宋代有名的官员之一，他清正廉洁、洁身自好。这首诗借种植药物，表达了作者体恤民情，心怀天下的抱负。诗中写道韩琦在官府堂前的空地上开辟土地，种植各种"灵种"，也就是药材，并且一一标清楚药物名称，希望自己能够解除百姓痛苦，却力不从心，只落了一个心中忧郁的结果。这首诗不仅反映出作者韩琦忧民疾苦，也反映出古代文人对医学知识的普遍掌握。

 **生活中的中医小妙招**

俗话说，睡个好觉，胜过吃药。良好的睡眠有助于缓解一天紧张的学习劳累。在日常生活中，有一种植物，能够起到安神助眠的作用，它就是常见的百合。

百合

 **思考能力我最强**

你认识苗圃中的哪些植物？

公园是郊游的好地方，生机盎然的植物使心情愉快，你都认识哪些植物？

 **思考能力我最棒**

鲜美的食物总会让人垂涎欲滴，过多地摄入食物很可能造成胃部的消化不良。山楂可帮助消化，喝山楂煮的水，或者食用山楂做成的山楂条等，都可以缓解食积。记住这个方法，必要的时候试一试吧。

山楂